AF242338

M. L'ABBÉ MAGNE

NOTICE NÉCROLOGIQUE

SUR

M. L'ABBÉ MAGNE

CHANOINE HONORAIRE DE BEAUVAIS
SUPÉRIEUR DE L'INSTITUTION DE SAINT-VINCENT DE SENLIS

Décédé le **29 février 1868**

A VILLEFRANCHE DE ROUERGUE (AVEYRON)

Par

M. ALF. PAISANT

Substitut du Procureur impérial à Laon

ARRAS

TYPOGRAPHIE ROUSSEAU-LEROY, LIBRAIRE-ÉDITEUR

RUE SAINT-MAURICE, 26

—

1868

MESSIEURS [1],

Depuis le triste événement qui nous a privés à jamais d'un ami bien cher, notre pensée s'est reportée bien souvent sur cette douce mémoire. En repassant par l'esprit les principaux événements de cette existence si paisible et si dévouée, en nous rappelant par le cœur ces qualités aimables, ces vertus qui faisaient le charme de notre bien-aimé M. Magne, l'amertume de notre chagrin s'est plus d'une fois adoucie. Nous revivions dans son intimité : les ombres de la mort étaient vaines pour notre imagination et notre tendresse ; nous sentions à côté de nous ce souffle de la vie, qui est, hélas! évanoui pour jamais, tant est vivant et tant restera vivant dans notre âme le souvenir de tant de dons précieux, qui s'étaient,

[1] Cette Notice a été lue à la séance du Comité archéologique de Senlis (Oise), le jeudi 12 mars 1868.

pour ainsi dire, fait dans son cœur un lieu de prédilection.

C'est donc sous l'inspiration directe d'un sentiment profond, que nous avons tracé au courant de nos souvenirs et de nos impressions cette esquisse imparfaite, mais aussi exacte que possible, que vous nous permettrez de reproduire à vos yeux.

M. Magne est né le 26 novembre 1820, à Sauveterre, petite ville de l'Aveyron. Son enfance s'écoula au milieu d'une respectable famille, dans laquelle régnait comme une tradition de vertus chrétiennes. Qu'on se transporte par la pensée à près de cinquante années en arrière, dans un petit bourg d'un pays de montagnes, bien éloigné de la capitale, ayant conservé par lui-même une physionomie tout antique, et l'on pourra, par l'aspect des conditions matérielles de l'existence, deviner ce que dut être l'influence exercée sur les premières années de l'enfance de M. Magne. Il parlait souvent de son pays natal, où il retournait d'ailleurs chaque année. Une vie tout à fait patriarcale, la pratique d'une foi sincère, que rien n'avait troublée depuis des siècles dans cette heureuse contrée, une certaine austérité de mœurs et le goût du travail, tels étaient les éléments de la première éducation qu'il devait recevoir. Sa mère, modèle d'intelligente piété, savait joindre à la douce influence de ses exemples, celle moins efficace, mais puissante aussi de ses leçons; bien qu'il l'eût perdue jeune, il avait conservé pour sa mémoire un vif attachement, et il aimait à reporter à sa précieuse direction le mérite de tous les bons sentiments qui avaient germé dans son cœur.

Nous savons tous, Messieurs, combien sont vivaces les premières impressions recueillies par une jeune intelligence qui s'ouvre à la vie; l'âme est alors propre à recevoir toutes les empreintes suivant lesquelles on veut la façonner; ces empreintes, qui paraissent si fugitives, se creusent en vieillissant, et quels que soient les efforts du temps, de l'éducation et même de la volonté personnelle, elles ne s'effacent jamais complétement. C'est au berceau, — on l'oublie trop souvent, — que se forme l'être moral et qu'il s'arme pour les luttes de la vie; la première terre qui alimente la plante décide de sa destinée. La mère dévouée et pieuse comprend d'instinct la grande mission qui lui est dévolue, de faire un homme, et d'un sourire ou d'une larme, d'un reproche ou d'une caresse, elle accomplit, armée souvent d'une sainte ignorance, cette œuvre sublime qui est sa gloire. La femme qui avait mis au monde M. Magne était capable de développer en lui les germes heureux que la nature avait déposés dans son âme.

Son enfance fut donc bénie. Entouré de soins dévoués, respirant purement dans une atmosphère morale élevée, vivant, comme dans son élément naturel, au milieu de la simplicité chrétienne, comment n'aurait-il pas contracté l'amour du bien, la délicatesse et l'élévation des sentiments, la pureté de l'âme et tout ce qui fait la noblesse de l'existence. Il se trouvait donc placé naturellement dans ces sphères supérieures de la vie où se tiennent ceux qui vivent avant tout par l'âme et qui subissent comme une nécessité le joug de la vie matérielle.

La mort de sa mère et une cruelle maladie le jetèrent dès l'enfance dans un courant d'idées sérieuses relativement supérieures à son âge. Il ressentit vivement ce premier malheur, et les années, dans leur vol rapide, ou les événements, dans leur multiplicité, n'effacèrent pas de son cœur cette image si chère qu'y avaient fixée la reconnaissance et la piété filiale. La maladie fut cruelle par le danger qu'elle lui fit courir plus que par les souffrances dont elle fut accompagnée. M. Magne, à l'âge de dix ans, fut pendant plusieurs mois frappé d'une complète cécité. Aux inquiétudes qu'une telle situation devait faire naître en lui pour l'avenir, devaient s'ajouter les ennuis, plus insupportablés pour un enfant que pour tout autre, d'une aussi triste infirmité. Plus de jeux possibles, plus de distractions de son âge : le voilà, à une époque de la vie où la pensée faible encore ne fournit guère d'aliments à l'existence, obligé de se replier sur lui-même et de ne vivre, pour ainsi dire, que du monde intérieur : c'est dans de pareils moments que l'âme a besoin de ressources spéciales ; si elle est fortement trempée, elle en sortira plus forte encore ; si elle n'a pas vécu d'une vie propre, elle sera réduite à néant. Cette épreuve fut salutaire à celui dont nous parlons. Résigné, patient, toujours doux devant ses propres malheurs, il considéra, dans sa foi naïve, cette maladie comme une tentation de la Providence ; il la subit sans murmurer. Il est permis de penser que, dans cet isolement forcé du monde extérieur, son esprit, déjà si éveillé, puisa par la réflexion de nouvelles forces ; son intelligence, avide d'aliments, dut se concentrer en elle-même pour y trouver de quoi suffire à son activité, et gagna à cet exercice une spontanéité et une décision précoces. Ce qu'y gagna son cœur, comment ne le devineraient pas ceux qui l'ont vu dans sa dernière maladie, si merveilleusement calme, si maître de lui et si supérieur aux faiblesses vulgaires ?

Vers sa douzième année, M. Magne fut transplanté de ses montagnes dans le diocèse de Beauvais et placé au petit séminaire de Saint-Germer. Ce changement ne l'étonna pas autant qu'on aurait pu s'y attendre : il se façonna vite à la nouvelle existence qu'il dut mener ; sa jeunesse le préserva du mal du pays ; il prit sans y penser d'autres habitudes. D'ailleurs, sa

vie ne fut pas modifiée d'une manière bien essentielle. Les exercices du petit séminaire n'étaient pas
faits pour étonner un adolescent qui avait jusque-là
passé ses jours régulièrement dans le travail et la
piété. De rapides et brillants succès récompensèrent
bientôt ses efforts et signalèrent l'écolier à l'estime
et à l'affection de ses maîtres. Son mérite s'imposait
en même temps à ses condisciples qui ressentirent
dès lors pour lui un attachement presque respectueux.
Cet attachement, fondé sur les agréments de son
esprit en même temps que sur la bonté de son caractère, ne s'est jamais démenti depuis cette époque ;
il se transforma par le progrès des âmes en une
inaltérable amitié. M. Magne eut ce rare bonheur,
— récompense méritée de ses aimables qualités, —
de n'avoir jamais à déplorer une défection ; le nombre
de ses vrais amis allait toujours croissant, et les plus
anciens ne se distinguèrent que par une plus ancienne
fidélité.

Une heureuse mémoire, la rapidité de la conception, le goût naturel des belles choses, si bien en
harmonie avec le culte du bien, un esprit droit,
ferme, s'attachant sans effort au vrai, tels étaient
les heureux dons qu'il apportait à ses études. L'imagination même chez l'adolescent était déjà réglée ;
son intelligence n'était pas moins apte à saisir les
démonstrations des sciences exactes, qu'à ressentir
les beautés des chefs-d'œuvre de la littérature et des

arts. Par un heureux équilibre de facultés qui ne se rencontre pas communément, il aimait d'une égale *ardeur* les recherches pénibles des mathématiques et les délicates sensations que produit la lecture des poëtes ou des orateurs classiques. Entouré de condisciples distingués qui créaient autour de lui une atmosphère d'honorable émulation, il était pris d'un tel goût pour l'étude, qu'en six semaines, il traduisait les vingt-quatre chants de l'*Iliade*. Souvent nous l'avons entendu raconter ce trait dont il attribuait avec sa modestie habituelle tout l'honneur à son maître vénéré, M. l'abbé Bourgeois, et qui prouvait, à ce qu'il semble, à la fois l'autorité du professeur et le zèle des disciples. Par de semblables travaux, par l'étude approfondie de l'histoire, par la pratique des grands philosophes, il préludait ainsi, encore inconscient de sa vocation, à la carrière de l'enseignement qu'il devait honorer plus tard à un si haut degré.

Avec de telles facultés, son instruction fut rapidement terminée ; devant lui plus d'une carrière brillante s'ouvrait pleine d'espérances séduisantes, et de promesses bien dignes de l'ambition d'un jeune homme. Les écoles du gouvernement ou le barreau attirèrent un moment, non ses désirs, mais sa pensée : le barreau surtout lui offrait une occasion certaine de succès, où sa parole facile, son esprit plein de ressources, sa dialectique abondante lui promettaient un avenir magnifique ; mais ce ne fut là dans son âme qu'une idée fugitive dont, seul peut-être, nous avons reçu la confidence. Une vocation sincère l'appelait à des destinées plus hautes et plus difficiles. Il résolut d'entrer au grand séminaire de Rodez, qu'il quitta bientôt pour celui de Beauvais.

On se fait parfois dans le monde des idées exagérées ou erronées sur les mobiles qui peuvent provoquer une détermination de cette nature. On est porté, par suite de préjugés injustes, à attribuer à des sentiments de misanthropie, ou à de secrètes déceptions, ou même à certaines faiblesses, des vocations qui ne sont le plus souvent que l'évolution toute naturelle de quelques natures privilégiées. On a essayé de faire comprendre par tout ce qui précède par quelle pente régulière de son organisation morale M. Magne parut être appelé à cette grande mission du sacerdoce. Rien ne nous paraît plus simple à apprécier que cet acte décisif de sa vie. Il était loin d'obéir au souci de son intérêt personnel ; encore moins est-il permis de supposer qu'il ait cherché au pied des autels un refuge contre les déceptions du passé ou les craintes de l'avenir. Nourri des sentiments de la plus exquise piété, âme fervente et simple, il s'est senti appelé à la vie ecclésiastique par le développement progressif de ses croyances religieuses : c'était pour lui la consécration suprême de son existence. C'en fut, en effet, le logique couronnement. Il ne fit aucun effort pour arriver là, et n'eut pas à chercher longtemps sa voie. Il avait pratiqué à l'avance toutes les vertus qui font le prêtre : en recevoir le caractère sacré fut pour lui un honneur envié et une récompense méritée.

Toutefois, il ne se sentait pas appelé à un ministère actif : ses goûts le poussaient vers l'honorable et délicate mission d'instruire la jeunesse. Ses supérieurs prirent soin de ne pas contrarier cette aptitude particulière, et l'envoyèrent bientôt à Saint-Vincent, où il resta 26 années employées toutes dans des postes divers, à un seul but, l'éducation.

C'est en 1842 que M. l'abbé Magne arrive à Saint-Vincent, désigné comme collaborateur de l'éminent abbé Poullet. A partir de cette époque, il vous a été possible de le connaître, Messieurs, et vous avez tous pu l'apprécier, comme il méritait de l'être. Saint-Vincent était alors, après sept années d'une existence déjà glorieuse, arrivé à la plénitude de son succès. Des difficultés nombreuses dont les unes tenaient à l'essence même des choses et les autres à la législation alors en vigueur sur l'enseignement, avaient été aplanies grâce au zèle persévérant, à l'esprit organisateur et à la haute intelligence de son glorieux fondateur. L'œuvre était assise, reposant sur des bases solides ; après avoir franchi les premiers obstacles, peu populaire à ses débuts, elle avait fait son chemin, elle était jugée avec faveur par l'opinion publique. Un corps professoral recruté avec soin parmi les lauréats des grades élevés de l'Université, des ecclésiastiques dévoués, une direction libérale, avaient placé l'établissement tout récemment fondé à un rang élevé parmi les maisons d'éducation de ce genre en France. Les élèves y affluaient, recrutés parmi les familles les plus distinguées et de tous les points du royaume. Senlis était doté non pas seulement d'un collége utile au pays ou à ses environs, mais encore d'une institution déjà célèbre, qui avait un nom, une valeur propres, et qui devenait, nous ne craignons pas de le dire, une des gloires de la cité.

M. Poullet avait conçu largement le plan de son institution dont il était le fondateur ; il avait besoin d'hommes capables de le comprendre d'abord, de le seconder ensuite : nul plus que M. Magne n'était digne d'une aussi glorieuse tâche. Agé de 22 ans à peine, mais distingué déjà par la maturité de son esprit autant que par la variété de ses connaissances, il avait été deviné par l'homme de génie auquel il s'associait, et il fut bientôt investi de sa confiance. Cette confiance était une grande marque d'honneur : celui qui la donnait n'en était pas prodigue ; mais il savait juger les hommes. Le jeune ecclésiastique fut chargé de la chaire de rhétorique comme suppléant, et prit une situation particulière avec le titre de sous-directeur des études. Cette position n'était pas sans difficultés parce qu'elle attribuait à celui qui en était investi un droit de contrôle sur l'ensemble de l'enseignement, qui devait s'étendre aussi bien aux professeurs qu'aux élèves ; l'âge de M. Magne semblait faire obstacle à ce que cette autorité fût acceptée avec déférence et exercée avec circonspection. Mais son affabilité modeste et le tact parfait dont il était doué sauvegardèrent tous les périls de cette situation. Ce qui manquait à son expérience fut racheté par ce qu'il possédait de juste défiance de lui-même. D'un autre côté, le soin jaloux de sa dignité et la gravité de son maintien donnaient à son extérieur tout le prestige que lui aurait enlevé sa jeunesse.

Dans son enseignement, il déploya toutes les qualités qui faisaient de lui un des meilleurs professeurs que nous ayons rencontrés. Il est possible que, se bornant à suivre les inspirations de son heureux naturel, M. Magne ne se soit jamais demandé quelle pouvait être la meilleure méthode d'enseignement ; mais il est certain qu'il l'avait rencontrée et adoptée. Étonnés eux-mêmes des progrès qu'excitait dans leur intelligence sa parole aimée, les élèves recherchaient les causes de cet heureux effet. Ils croyaient les trouver principalement, et nous pensons qu'ils avaient raison, dans l'horreur de toute routine. Rien ne ressemblait moins à la monotonie habituelle d'une classe qu'un cours professé par M. Magne. Il variait à l'infini son enseignement, tout en se renfermant dans le programme universitaire. Il faut en excepter l'histoire pour laquelle il n'a jamais pu se restreindre aux limites étroites d'un questionnaire ; aussi disait-il communément que, pour l'enseignement de l'histoire, le maître n'est tenu que de vous « apprendre à l'apprendre ». Chargé du cours d'histoire nationale, il ne parvint jamais dans ses meilleures années que jusqu'au règne de saint Louis, et renvoyait aux traités spéciaux pour l'étude chronologique des faits. Mais, en revanche, que de développements intéressants, que de grandes vues jetées en passant, quels rapprochements instructifs et quelle critique judicieuse ! C'est par de tels procédés qu'on forme l'esprit des jeunes gens ! A quoi bon surcharger leur mémoire de faits, de dates, d'épisodes ou de mots historiques ? Le grand but de l'instruction n'est-il pas d'apprendre à penser, d'éveiller l'intelligence, de façonner à l'exercice de la raison ceux qu'il faut instruire ? Former un homme, c'est-à-dire lui donner une valeur personnelle, le rendre maître de lui-même, exercer son jugement pour la vie, le mettre à même de faire servir les lumières de son entendement au triomphe de la vérité, n'est-ce pas le grand œuvre à accomplir ? M. Magne, qu'on me permette l'étrangeté de l'expression, était un grand *éveilleur d'idées*.

Prudemment dirigé par d'habiles questions, l'élève était sous l'empire de sa parole : comme un clavier touché par des doigts d'artiste, il rendait des sons auxquels il ne s'attendait pas ; seulement, au lieu de rester ensuite muet comme une matière inerte, quand le contact du maître avait cessé, l'intelligence du disciple cherchait à éveiller seule en elle-même les idées ou les raisonnements qu'y avait fait germer le professeur.

Les premières révélations d'un esprit qui s'éveille à la vie intellectuelle excitent de délicieuses impressions : elles sont comme les premiers rayons de la gloire, dont parlait un gracieux penseur, ou comme les premiers troubles du cœur. Il semble alors qu'on ait marché pendant de longues années dans une atmosphère ténébreuse, à peine traversée par les lueurs incertaines d'un pâle soleil. La réflexion, cette lumière de l'intelligence, n'a pas encore fait connaître au jeune homme, dans toute son étendue, cette force merveilleuse dont il est doué, la raison ; quand elle lui est révélée, il en essaie d'abord comme d'un jeu nouveau, avec excès et sans mesure, puis il bénit celui qui lui en a enseigné la puissance, et appris l'usage. Voilà les services éternels que rend le professeur à la jeunesse : voilà comme nous en comprenons la sublime mission. M. Magne la comprenait ainsi ; il ne craignait pas les dangers de cet admirable instrument que Dieu a mis dans notre âme, comme il a donné des yeux à notre corps ; il nous apprenait à nous y confier avec sécurité, mais avec prudence, quand nous en avons bien éloigné les objets divers qui peuvent le fausser. Il excellait aussi à faire juger par l'élève lui-même les erreurs où il était tombé : ne parlant jamais au nom de l'autorité de son propre jugement, mais nous forçant à nous défier, avec le même soin, de l'infaillibilité du nôtre, il réalisait, sans exagération, le type du professeur.

C'est par de tels mérites qu'il se distingua tout d'abord dans ses fonctions de collaborateur de M. Poullet. Plusieurs années après, quand ce guide et ce modèle de sa vie, victime de son zèle pour la science, eut disparu de ce monde avant d'atteindre même la maturité de l'existence, M. Magne eut à prendre un rôle plus actif dans la direction de Saint-Vincent jusqu'à ce qu'il en devînt, il y a treize ans, le supérieur.

Depuis 1847, M. Magne, investi d'une très-grande autorité, était devenu en réalité l'un des supérieurs de la maison. Toutefois, il avait renfermé sa sphère d'action dans tout ce qui concernait le régime intérieur de Saint-Vincent et le gouvernement des élèves. C'est pendant cette période qu'il se livra avec le plus d'ardeur à l'enseignement proprement dit. La philosophie, sa science favorite, devint l'objet principal de son cours : il l'enseigna avec autorité.

Ses leçons, dans le commencement de son enseignement surtout, exigeaient de lui de sérieuses préparations. Comment trouvait-il le temps de s'y livrer ? . C'est là un secret que personne n'a découvert. Soumis, comme le dernier des élèves, aux exigences du règlement, les suivant pas à pas dans les nombreux exercices d'une journée qui divisent les heures d'une manière si commode pour l'enfance, si détestable pour l'âge mûr et les travaux sérieux, inspectant les études, ayant à remplir ses devoirs de prêtre, chargé d'une correspondance volumineuse, comment pouvait-il dérober à chacune de ces heures si lourdement chargées, quelques minutes pour son travail personnel ? C'est là un tour de force intellectuelle qui lui était familier. Il faut reconnaître, Messieurs, que M. Magne était doué d'une organisation réellement exceptionnelle. Peu d'hommes peuvent se vanter de posséder la même rapidité de conception, la même netteté de coup d'œil, la même justesse et précision de l'esprit. De fortes études l'avaient familiarisé avec le sujet spécial de son enseignement : on en trouvait la preuve dans cet amas de cahiers qu'il avait conservés pieusement de ses classes de Saint-Germer et du grand séminaire, et dans lesquels il nous permettait de puiser parfois, pour notre propre instruction. Un coup d'œil jeté sur ces travaux considérables lui remettait en mémoire les matières de son cours ; il se bornait alors à

rédiger une note sommaire des principales divisions
de sa leçon, et dans les allées et venues des divers
exercices auxquels il prenait part, il préparait par
la réflexion ce qu'il devrait dire à ses élèves. Il avait
ainsi, en plusieurs années, amassé les éléments d'un
cours complet de philosophie; il les revoyait avec
soin, lors de chaque classe, et à diverses reprises
nous l'avons entendu dire : « Je ne suis pas satis-
fait de la manière dont j'ai traité telle question l'année dernière ; je l'étudie cette année, et je corrige
mon travail ».

La *morale* était pour M. Magne l'objet d'un cours
tout particulier auquel il savait donner le plus grand
et le plus instructif intérêt. Plusieurs de ses *grands*
rhétoriciens ou philosophes, comme il les appelait,
ont conservé soigneusement les résumés de ces at-
trayantes leçons. Le dimanche à l'étude, de onze
heures à midi, nous passions chaque semaine une
heure charmante. Rien n'était moins banal que cet
enseignement; il comprenait jusqu'à l'etude des
théories contemporaines sur la propriété, la famille,
le paupérisme. Notre cher professeur voulait qu'à
notre entrée dans le monde, nous ne fussions pas
surpris par des doctrines spécieuses, que l'on entend
soutenir autour de soi et dont le libéralisme apparent
est bien fait pour séduire de jeunes imaginations.
Sans nous mêler intempestivement à la vie politique,
il avait à cœur que nous eussions quelques notions

sur les grands problèmes dont la société moderne cherche la solution. La prudence et la modération guidaient sa parole dans ces excursions vers le domaine entrevu de la science politique ; il savait d'ailleurs, sur toutes ces questions, respecter les convictions personnelles : *In dubiis libertas* ; mais, ajoutait-il, *in omnibus charitas*.

Voilà, Messieurs, le professeur éminent que la jeunesse a perdu, que vénèrent ses anciens disciples, et que regretteront longtemps les pères de famille qui veulent assurer à leurs fils une éducation forte et virile. Nous nous y sommes arrêté avec complaisance ; c'est dans ces fonctions, en effet, que s'est écoulée la plus grande partie de l'existence de notre vénérable ami, il était impossible de le connaître sans le suivre dans cette vie familière et modeste de professeur qu'il a menée avant toute autre.

A la fin de chaque année scolaire, avant le repos des vacances, il tenait à faire entendre à ses élèves une voix toujours écoutée avec un religieux respect. Dans un discours élégant et familier à la fois, il s'adressait à ses collaborateurs et aux représentants des familles pour leur faire connaître sa manière d'entendre l'éducation, ses espérances pour l'avenir ; il rendait ainsi un compte indirect de ses propres efforts pour mener à bien l'œuvre à laquelle il s'était voué. S'il parlait de la sincérité dans l'éducation, comment ne pas constater qu'il en faisait la qualité essentielle de ses rapports avec tout le monde ? S'il parlait de simplicité, comment ne semblait-il pas à tous qu'il prêchait d'exemple ? La force de caractère, la dignité, les rapports du maître avec l'élève, faisaient aussi le sujet de ces thèses annuelles où il s'attachait à soutenir avec autant de vérité que de talent, la cause de quelque aimable qualité du cœur, proposée à nos efforts, et que toujours il soutenait plus gracieusement encore par le spectacle de sa vie.

On peut le demander à tous ceux qui l'ont connu, à tous ceux qu'ont séduits la franchise affable de ses manières, sa dignité pleine de modestie et de grâce, son obligeance discrète ; n'est-ce pas dans son propre cœur qu'il puisait réellement ces doux et solides enseignements qui s'adressaient cette lois non plus seulement à l'intelligence, mais à l'âme tout entière ?

C'est surtout depuis qu'il était devenu supérieur, et qu'il avait senti peser sur lui la responsabilité plus étroite d'une telle situation, qu'il avait donné mieux à connaître les qualités de son cœur. Il s'opéra alors en lui un changement dont s'aperçurent tous ceux qui ont vécu dans son intimité. On peut dire sans manquer au respect qu'impose sa mémoire, qu'en lui, pendant assez longtemps, l'homme d'esprit avait en apparence dissimulé l'homme de cœur.

Les occasions de le manifester ne s'étaient encore présentées ni aussi nombreuses, ni aussi publiques ; ses amis particuliers, sa famille pouvaient seuls apprécier ce qu'il valait sous ce rapport. Les élèves, ces juges sévères et infaillibles, devinèrent, avec une perspicacité tout instinctive, ce développement nouveau de sa nature. Pendant assez longtemps le respect avait dominé chez eux l'affection. M. Magne, c'est un grand éloge à lui faire, ne punissait jamais. Hors les cas extrêmes, il n'adressait que des observations qui toujours portaient leur fruit. Un avertissement, une réprimande assaisonnée d'une pointe d'ironie, suffisaient à prévenir ou à punir toute infraction à la discipline. Mais il ne laissait pas que d'imposer un peu, et il inspirait, dans le bon sens du mot, une certaine crainte, celle qui est le commencement de la sagesse chez de jeunes enfants. Quand il fut devenu leur supérieur, ce sentiment se changea en affection, et le glorieux surnom de *père* qu'ils lui avaient donné en est la marque évidente.

La délicatesse morale sur laquelle, comme sur leur base naturelle, s'appuyaient les autres qualités de son âme, lui était un guide sûr dans l'accomplissement de son devoir de maître. L'éducation, c'est l'instruction du cœur ; c'est la moitié la plus périlleuse de la mission que s'imposent ceux qui élèvent l'enfance. Elle n'a pas de règles fixes et les méthodes n'y peuvent avoir d'empire. Variable à l'infini suivant les sujets, elle exige surtout du tact et de la prudence. Diriger les mouvements de cette activité multiple et désordonnée qui règne dans une jeune âme, exciter ou calmer les ressorts d'une sensibilité d'enfant, mettre un frein ou attacher l'éperon à ces imaginations toujours mal réglées, les préserver contre de funestes entraînements, ou les garder des découragements, et surtout, Messieurs, donner de l'expérience et respecter la sainte ignorance,—voilà quelques exemples des difficultés multiples dont est entouré celui qui veut façonner des âmes. Les connaître, n'est-ce pas en grande partie savoir les éviter ? Il y a pour toutes ces choses de sublimes divinations, de mystérieux instincts : il faut se transformer en père, en revêtir toutes les susceptibilités. Malheur à qui s'est engagé imprudemment dans une telle œuvre, s'il n'y est pas armé de cette clairvoyance que donne la délicatesse extrême du sens moral. C'est ce que comprenait M. Magne, ce sont ses doctrines que nous venons de résumer. On pouvait donc lui confier avec sécurité l'éducation de l'enfance ; et cette partie de ses devoirs n'était pas moins bien remplie par lui.

Messieurs, vous avez hâte de voir enfin M. Magne dans le monde et en dehors de sa belle maison de Saint-Vincent. Vous l'y veniez cependant trouver avec empressement et plaisir, et jamais sans doute

vous n'avez pu croire à son abord affable que vous
aviez en votre présence un homme tiraillé par mille
devoirs divers, et dont les minutes ne lui apparte-
naient pour ainsi dire pas. Il avait fait de Saint-Vincent le centre et le rendez-vous des plus agréables
relations. Investi de la confiance des familles, aimé
de ses concitoyens, on venait le consulter ou demander son appui dans bien des circonstances. Toutes
les améliorations pouvaient réclamer son utile con-
cours. Il ne voulait demeurer étranger à aucun progrès. Au zèle pieux des paroissiens qui voulaient
embellir notre magnifique cathédrale, il donnait des
indications précieuses pour ne pas violer les règles
si sacrées pour lui de l'archéologie.

Le nom seul de cette science prononcé ici à cette
place n'en dit-il pas beaucoup sur tout ce que sa
mort nous fait perdre. Sous les admirables voûtes
de l'église de l'abbaye de Saint-Germer où s'était
écoulée une partie de sa jeunesse, lui, le méridional,
avait été frappé pour la première fois de la grandeur
religieuse du style ogival ; son pays natal, pauvre
en monuments, ne lui avait rien montré de compa-
rable à cette élégance ou à cette harmonie. Il en
parlait souvent, de cette belle Sainte-Chapelle Saint-
Germer ; on voyait qu'il avait ressenti à l'abri de
ses colonnes la fraîcheur des premières émotions ar-
tistiques. C'est là qu'était né dans son esprit si bien
fait pour aimer la beauté sévère de nos édifices reli-

gieux, ce culte sincère de l'archéologie auquel il demeura fidèle toute sa vie. Qu'était l'archéologue en lui : c'était évidemment l'artiste. Ce qu'il aimait dans ces monuments du passé, c'était moins leur antiquité que leur majestueuse ordonnance. S'il s'arrêtait avec plaisir à décrire les détails d'une voussure, d'un portail ou d'un chapiteau, c'est qu'il admirait dans ces détails l'inspiration souvent parfaite, parfois naïve, du sculpteur ou de l'architecte. Il aimait aussi, lui le prêtre, lui le chrétien, à retrouver dans ces restes d'une civilisation disparue les preuves touchantes de la foi qui les avait fait éclore. Homme du présent pour tout ce qui est de la condition sociale de l'individu, il était l'homme du passé pour tout ce qui était du chrétien ; si la législation et le droit public de ces temps reculés lui paraissaient barbares, la foi de ces hommes du moyen âge lui semblait divine.

Un des premiers travaux de M. Magne dans cette matière, — un essai sur les *Pierres tombales de la cathédrale de Noyon,* — eut l'honneur d'être signalé par M. Vitet. Il propagea, par un enseignement direct, le goût de la science archéologique. Il fit quelque temps partie de diverses sociétés savantes à titre de correspondant. Mais c'est surtout parmi nous, Messieurs, que, dans ces dernières années, il se distingua par un zèle tout particulier pour l'étude que nous aimons tous. Il est inutile de le suivre pas à pas dans ce Comité qu'il a tant contribué à fonder, et qu'il présidait avec tant de courtoisie et de distinction : nos souvenirs valent mieux que les éloges. Le dernier mot qu'il ait tracé de sa main chancelante est relatif à un travail qu'il nous destinait. Il apportait à ces sortes de travaux une critique très-éclairée, beaucoup de perspicacité, une science réelle dont il déguisait à merveille tous les côtés arides. Peu systématique par nature, il avait l'amour mais non le fanatisme de l'art *mediæval ;* il ne cherchait pas à l'occasion à en dissimuler les imperfections. Comment, en effet, nourri du plus pur classicisme littéraire, aurait-il pu, sans une contradiction inexplicable, se montrer radical et exclusif quand il s'agissait de juger les arts du passé ? Le goût est un par essence, mais il peut être éclectique dans son objet. Quand on se trouve en présence des produits, même les mieux inspirés du génie humain, n'y a-t-il pas toujours quelque côté qui ne peut satisfaire complétement notre soif de l'idéal ? Chez notre président, l'on distinguait sans peine une âme naturellement éprise du beau dans ses manifestations les plus élevées, mais aussi les plus diverses. Un beau vers, une belle pensée, un beau tableau, un monument gracieux excitaient en lui de délicates sensations qu'il rendait avec un charme infini. Il poussait le goût jusqu'à la délicatesse ; jamais on ne l'a vu rire à un trait d'esprit hasardé, et il affectait même le plus souvent de ne pas le comprendre. Dans les arts, il détestait également l'excessif, l'outré, le trop de recherche ou de décorations ; la richesse brutale de la matière, la profusion d'ornements qui trahit souvent la stérilité de la conception primitive. Ce qu'il recherchait, c'est ce qu'on appelle de ce mot si vague et pourtant si expressif, le style. De là, la hauteur de ses vues, l'excellence de ses appréciations, et une sorte de noblesse dans la manière de concevoir la mission de l'art. Ce sont de telles convictions qu'il apportait parmi vous, Messieurs, et qui ont toujours besoin d'être défendues, mais plus particulièrement que jamais au siècle où nous vivons.

En dehors du Comité archéologique, M. Magne avait bien d'autres occasions de manifester en public les qualités de son intelligence. La plupart d'entre nous l'ont souvent entendu dans la chaire chrétienne, soit à Notre-Dame de Senlis, soit à Saint-Vincent, soit ailleurs. La plupart du temps, il ne composait pas ses sermons, et laissait à sa parole naturellement élégante et facile toute sa liberté d'improvisation. Profondément maître de son sujet par une solide méditation, il donnait toujours à sa pensée une forme gracieuse et sans recherche. Ennemi des grands effets, sobre de gestes et d'intonations, il parlait d'ailleurs avec la précipitation d'un homme qui redoute de s'imposer trop longtemps à l'attention de ses auditeurs ; il était particulièrement apte à ce genre de pieuses et familières instructions qu'on appelle des homélies. Il donna un jour une preuve de sa prodigieuse faculté d'improvisation. Un concert pieux était annoncé pour un jour de la Semaine sainte dans la chapelle de Saint-Vincent ; un grand nombre de personnes de la ville s'y trouvaient réunies, et l'office allait commencer. Une seule chose manquait à la cérémonie, c'étaient les artistes qui devaient en être le principal attrait. L'éloquent curé de Senlis, M. Lemaire, eut alors, en présence de cet auditoire brillant et nombreux, une de ses adorables tentations que peut enfanter le zèle sacerdotal, celle de monter en chaire et de faire retentir la parole de Dieu sous ces voûtes, au lieu des chants plus ou moins religieux qui étaient attendus. Toutefois, se défiant à tort de ses forces, lui, l'orateur si brillant et si énergique, il supplia M. le Supérieur de Saint-Vincent de prendre sa place. M. Magne ne résista pas à cette prière ; il monta tout ému dans cette chaire, s'agenouilla plus longtemps que de coutume pour solliciter l'inspiration céleste, puis nous tint captifs et charmés pendant près d'une heure, par le récit de la Passion. Un de ses amis, devinant toutes les émotions qu'il avait dû ressentir, l'alla féliciter de ce qu'il venait de faire. Il répondit avec la plus exquise simplicité : « Je suis assez récompensé d'avoir bien fait ce matin ma méditation ; cela me servira de leçon pour l'avenir ».

Parmi les plus heureux moments de sa vie,
M. Magne comptait ceux qu'il passait auprès de ses
anciens élèves, devenus tous ses amis, soit qu'il allât
dans leurs familles chercher un peu de repos, soit
qu'il les trouvât réunis autour d'un joyeux banquet.
Dans ces occasions diverses, tout le monde voulait
entendre sa parole ; arrivait-il dans un village, dans
une ville, on mettait immédiatement à contribution
son inépuisable complaisance. A la réunion annuelle
de ses anciens élèves, sa présence était toujours ac-
cueillie avec la plus sincère sympathie ; à leur prière,
il leur adressait d'aimables et de spirituelles allocu-
tions, écoutées avec avidité, et recueillies précieuse-
ment pour être reproduites et envoyées à ceux qui
n'avaient pu les entendre.

Du reste, les sentiments d'affection qu'il avait su
inspirer étaient presque universels ; s'il a eu des en-
nemis, il faut les plaindre ; car il était de ceux qui,
ne sachant pas haïr, ne devraient rencontrer que des
cœurs prêts à aimer : il aurait fallu que la haine fût
bien aveugle pour s'attacher à lui.

Messieurs, nous nous résignons volontairement à
être incomplet dans la peinture que nous pourrions
faire de l'homme véritablement digne et bon, que nos
larmes seules peuvent suffisamment louer. L'amitié
et le respect peuvent nous tromper peut-être à leur
tour, en nous présentant dans une seule personne

tant de sujets de regrets et d'admiration, qui ne se trouvent pas d'ordinaire ainsi accumulés.

Il faut pourtant que nous arrivions à ce triste tableau des derniers mois de cette vie si précieuse. En vain nous voudrions l'écarter de nos souvenirs; c'est le complément instructif et nécessaire d'une peinture fidèle de cette existence.

Au mois d'octobre dernier, M. Magne revint malade de son voyage habituel au pays natal; un affaiblissement rapidement progressif de ses forces put faire craindre une lésion organique grave. Il resta cependant près de trois mois à son poste. Cette lutte déplorable de ce qu'il croyait son devoir contre les efforts du mal fut quelque chose de navrant. On ne l'a pas devinée tant que M. Magne est resté debout. Mais la mort en a révélé l'héroïsme. Nous n'avons pas la consolation de penser que lui-même n'en a pas prévu tout le danger. Ses plaintes étaient douces, mais quelque chose de profondément mélancolique se lisait dans son regard qui s'attachait à vous avec une fixité particulière. On maîtrisait en sa présence l'émotion que faisait naître le spectacle de ce dépérissement. Mais sa perspicacité naturelle, doublée par les approches de la mort, se laissait-elle surprendre par les pieuses dissimulations de l'amitié? Il était évident qu'il voulait, lui, épargner avant tout à ceux qui l'entouraient les inquiétudes et le chagrin que sa maladie pouvait leur inspirer. Quelqu'un qui l'a connu et aimé disait avec justesse qu'il était tellement préoccupé des autres qu'il était plus triste de leurs inquiétudes que de ses appréhensions personnelles.

Bientôt on lui fit comprendre que le souci de ses occupations le tuait, et qu'il devait y échapper par l'éloignement de Senlis. Il se décida à le quitter, laissant ses collaborateurs, ses amis et ses élèves, dans une illusion complète sur son véritable état. Il fit plusieurs voyages chez ses amis et dans sa famille auprès d'un neveu qu'il affectionnait comme un fils, recherchant partout le repos qu'il ne trouvait pas. Les soins les plus intelligents et les plus dévoués lui étaient prodigués. On calmait ses souffrances, mais un allanguissement de plus en plus inquiétant s'était emparé de ses forces. Il se levait avec effort, et lorsqu'il s'essayait à marcher, sa figure subissait une métamorphose effrayante. Dans ces moments-là, on voyait comme la mort prendre possession de son être, et on détournait la vue pour ne pas laisser deviner ses impressions. A Fismes, il reçut, dans les premiers jours du mois de février, la visite de son frère, médecin à Villefranche, et qui n'avait que trop bien compris, d'après les bulletins qu'on lui envoyait de sa santé, en présence de quel danger se trouvait son cher malade. Une consultation eut lieu entre lui et l'un des anciens élèves de M. Magne, un de ceux qui lui avaient voué une particulière affection. Le résultat fut désespérant. Ils reconnurent une lésion organique sans remède, et dès lors comptèrent le peu de jours de vie que l'on pouvait espérer. Hélas ! le délai le plus court pronostiqué par l'un d'eux fut de beaucoup encore abrégé par l'événement.

De grandes émotions vinrent encore accabler le pauvre condamné. Il avait plusieurs fois offert sa démission de supérieur de Saint-Vincent ; on l'avait toujours refusée. Toutefois, il fut convenu que, si sa santé ne lui permettait pas de reprendre ses fonctions, il serait présenté pour le poste de vicaire général à Beauvais. Il sentit qu'il lui fallait prendre ce dernier parti, et se décida à le faire connaître officiellement. Nous le vîmes le jour de sa démission, pour la dernière fois, et pûmes constater avec quel regret et en même temps avec quel désintéressement, il faisait le sacrifice d'une position qu'il avait occupée pendant tant d'années.

Peu de temps après il voulut donner suite à son projet de regagner le pays natal. En quittant, à Soissons, les parents qui l'avaient accompagné jusquelà, il laissa bien voir qu'il avait conservé peu d'illusions sur son état. Comme ses neveux lui prenaient la main pour lui faire leurs adieux, il les fit mettre doucement à genoux devant lui et leur donna silencieusement sa bénédiction. Son séjour à Alfort chez son oncle fut douloureux. Couché dans un wagon, il accomplit ensuite sans trop de fatigues le long trajet qui le menait à Villefranche. Là, le docteur Henri Magne, son frère, qui ne l'avait pas quitté depuis huit jours, le conduisit dans sa maison ; ses sœurs accoururent pour l'entourer de leurs soins ; tout fut inutile. Le 29 février, il reçut la visite de l'un de ses neveux malade ; il l'embrasse, sourit tristement, et après l'avoir félicité de sa bonne mine : « Et moi aussi, dit-il, je serai bientôt guéri ! » Il demanda au médecin, quand il pourrait partir pour sa campagne ; celui-ci désigna le lendemain. M. Magne sembla croire à cette promesse ; il fit toutefois venir un prêtre, reçut tous les sacrements de l'Église et comme on lui demandait s'il souffrait : « Oh ! non, dit-il, je suis très-content » ; et il resta ainsi recueilli toute la journée. Vers sept heures, il perdit insensiblement connaissance, et à dix heures il rendit doucement sa belle âme à Dieu.

Cette dernière journée est l'image de sa vie tout entière : la foi, la résignation, l'oubli de lui-même ; pas une plainte, pas un seul mot sur sa position, des paroles d'espérance pour les autres, et cette douceur délicieuse qui le rendit aimable même à son dernier soupir.

Voilà l'homme que tout le monde ici a connu, aimé et pleuré ; sa tombe nous manque : il repose loin de nous, pas même dans le cimetière de son pays natal ; mais nous lui avons élevé dans nos cœurs un monument durable ; il n'est pas possible que le souvenir de tant de douces qualités s'efface de notre âme. Il appartient en particulier à ses amis, à ses élèves, à vous, Messieurs, de ne pas laisser périr sa mémoire !

Senlis, le 12 mars 1868.